Geronimo Stilton

Sur l'île des derniers Dinosaures

Albin Michel Jeunesse

Texte de Geronimo Stilton.
*Sur une idée d'*Elisabetta Dami.
Coordination des textes de Margherita Banal (Atlantyca S.p.A.).
Collaboration éditoriale de Jacopo Paliaga.
Coordination éditoriale de Patrizia Puricelli.
Édition de Benedetta Biasi.
Couverture de Davide Cesarello *(dessins) et* Christian Aliprandi *(couleurs).*
Direction artistique Iacopo Bruno.
Conception graphique de la couverture Pietro Piscitelli / theWorldof*DOT.*
Illustrations intérieures de Davide Cesarello *(dessins)*
et Christian Aliprandi *(couleurs).*
Coordination artistique de Lara Martinelli.
Conception graphique de l'intérieur Michela Battaglin *et* Daria Colombo.
Mise en page de Daria Colombo.
Traduction de Béatrice Didiot.

www.geronimostilton.com

Pour l'édition originale :
© 2019, Mondadori Libri S.p.A. pour Edizioni Piemme - Palazzo Mondadori, Via Mondadori, 1 - 20090 Segrate, Italie
Sous le titre *Sulle tracce del T-rex.*
International rights © Atlantyca S.p.A. - Via Leopardi, 8 - 20123 Milan, Italie
www.atlantyca.com - contact : foreignrights@atlantyca.it
Pour l'édition française :
© 2020, Albin Michel Jeunesse - 22, rue Huyghens, 75014 Paris
www.albin-michel.fr
Loi 49-956 du 16 juillet 1949 sur les publications destinées à la jeunesse
Dépôt légal : avril 2020
Numéro d'édition : 23943-01
ISBN : 978-2-226-45012-8
Imprimé en Italie par Elcograf s.a. en mars 2020

Geronimo Stilton

SUR LES TRACES DU T. REX

ALBIN MICHEL JEUNESSE

QUARTIER GÉNÉRAL DU DINO

(Département d'investigation sur la nature oubliée)

KARINA VON FOSSILEN

Ses connaissances sur les fossiles et les dinosaures sont tout simplement inégalables !

GENNY GEIGER

C'est la scientifique du groupe. Dans ses veines coule du sang de pirate !

GERONIMO, TRAQUENARD, BENJAMIN ET TRAQUELINE

Quatre agents spéciaux du DINO qui forment la plus unie des équipes pour vivre des aventures riches en... dinosaures !

LENNOX JUNGLE

L'explorateur doté du sens de l'orientation le plus catastrophique qui soit !

N
O
É
S
BOIS
DES GÉANTS
PIC GELÉ
FALAISE
DE LA
FROUSSE
FORÊT
STRIDENTE
CASCADES
CASSE-PIPE
BAIE
NETIBAIGNEPA
CAVERNE
FOSSILISÉE
MARAIS PUANT
FOSSE
DU CORAIL PROFO
CERCLE
DES NAGEOIRES

ÎLE MÉTÉORE
OÙ VIVENT ENCORE DES DINOSAURES !
CRÊTE ACÉRÉE
BOIS SEC ET SAUVAGE
PETIT LAC DU CRI QUI GLACE
CLAIRIÈRE TRANQUILLE
GOLFE PROTÉGÉ
VALLÉE DE L'EXTINCTION
FORÊT PRIMAIRE
GALION DU DINO
PLAGE DU GALION
PLAGE VENTEUSE
FOUGÈRES FÉROCES
BASSIN DES ICHTYOSAURES

IL A DISPARU !

Ce matin-là, je venais tout juste de me réveiller, quand mon cousin Traquenard entra en **TROMBE** dans ma cabine.

– Aleeerte, Geroni*mou* ! Il s'est éclipsé, évaporé, volatilisé !

– Qui ? Quoi ? Où ? demandai-je en enfilant mes vêtements.

Ou presque… Je me pris les pattes dans mon pantalon, fis une triple **pirouette** et tombai par terre…

Scouiiit !

Quel désastre !

– Le temps presse, sagouin de cousin ! Suis-moi immédiatement à la **PASSERELLE** !

Hum, je n'y comprenais croûte, mais une chose était sûre : je devais me **SECOUER** !
Je finis de m'habiller (sans autre incident, heureusement), me débarbouillai le museau, lissai vite fait, bien fait mes moustaches et **JAILLIS** comme un éclair de ma cabine.
En un frémissement de moustaches, je fus à notre centre de commandement, où m'attendaient Traquenard, mon amie paléontologue Karina von Fossilen et la professeure Genny Geiger.
Ratédiction, je ne me suis pas encore présenté ! Excusez-moi ! Mon nom est Stilton, *Geronimo Stilton*, et je dirige *l'Écho du rongeur*, le journal le plus célèbre de l'île des Souris !
Mais ce jour-là, je n'étais pas à Sourisia, la ville où je vis, mais sur l'incroyable, mystérieuse, stupéfiante **ÎLE MÉTÉORE** ! Plus précisément au quartier général (QG) du DINO (Département d'investigation sur la nature

oubliée), installé sur un authentique et fascinant GALION PIRATE.

– Par mille flibustiers ! Enfin te voilà, Geronimo ! Bouge, bouge, bouge ! s'exclama GENNY GEIGER en frappant dans des cymbales à un poil de mon museau.

Misère ! Pourquoi, mais pourquoi, pourquoi m'étais-je laissé embarquer dans cette histoire ?…

Si vous aussi vous vous le demandez et brûlez de savoir comment elle a commencé, TOURNEZ LA PAGE…

TOUT A COMMENCÉ AVEC UN COUP DE FIL TRÈS SPÉCIAL...
GLOUPS ! NOUS DEVONS PARTIR EN MISSION SECRÈTE...
AAAAH... COMMENT DIRIGE-T-ON CE TRUC ?
LE VOYAGE FUT TRÈS, MAIS TRÈS SPORTIF...

N
O
É
S
ET QUAND NOUS ARRIVÂMES SUR LA LÉGENDAIRE ÎLE MÉTÉORE...
BIENVENUE, LES AMIS ! SUIVEZ-MOI AU QG !

– Par la barbe de mon grand-père pirate ! Geronimo, tu dors encore ?! cria Genny, me ramenant immédiatement à notre urgence. Mobilisation, concentration, réaction !

Je sursautai, un peu sonné.

– Genny a raison : notre **MISSION** n'attend pas ! Nous devons partir tout de suite ! commenta Karina, assise devant un écran de contrôle.

Au cas où vous ne le sauriez pas, chers amis rongeurs, apprenez que Genny et Karina font partie du DINO, tout comme Traquenard et moi. Et en tant qu'**AGENTS SPÉCIAUX** de ce service, nous avons pour mission de protéger les dinosaures de l'île.

Par mille mimolettes, j'ai oublié de vous dire le plus important ! Sur l'île Météore vivent des **DINOSAURES** de tout poil ! Il y en a beaucoup, énormément… je dirais même trop, à mon goût !

Bref, Météore est l'île, unique au monde, où les

dinosaures n'ont jamais cessé de vivre depuis **DES MILLIONS ET DES MILLIONS D'ANNÉES** ! Mais personne ne doit le savoir ! D'ailleurs, avant de continuer à lire, vous devez me promettre que ça restera un secret entre nous ! Vous êtes prêts ? Alors, répétez ce serment après moi (patte sur le cœur) :

Entre copains, on se soutient !
Les secrets, c'est sacré,
Laisse le rêve t'enchanter !

Excellent ! *Euh...* Où en étions-nous ? Ça y est, ça me revient : notre mission spéciale !

– Prince T, un **BÉBÉ** dinosaure, a mystérieusement disparu, expliqua Karina. Ses parents le cherchent partout. Nous devons absolument le retrouver !

– U-une minute... Un bébé dinosaure, dis-tu... m-mais de quelle espèce ?

Mon amie paléontologue sourit, puis répondit :

– Je ne l'ai pas dit ? Prince T est un adorable, croquignolet, irrésistible bébé... **T. rex** !

– *Dequoidequoidequoi ?* Un T. rex ?!? L'un des prédateurs les plus dangereux de la **Pré-Histoire** ?

Quel choc : je faillis m'évanouir de frousse !

GERONIMO FACE AU...

TYRANNOSAURUS REX

Traduction : ROI DES LÉZARDS TYRANS

Poids : ENVIRON 7 TONNES

Régime : CARNIVORE

Longueur : ENVIRON 12 MÈTRES

Prêts ? Partez !

Mais nous ne pouvions pas partir pour cette mission DINO sans mon neveu Benjamin et ma petite cousine Traqueline, qui continuaient à… coincer la bulle sur leurs couchettes !

Je devais courir les réveiller.

Comme si elle avait lu dans mes pensées, Genny proposa :

– Besoin de cymbales ?

– Non, merci !

Pour les arracher à leur sommeil, il me suffit de leur murmurer…

– Ben ! Traqueline ! Nouvelle **EXPÉDITION** dinosourienne au programme !

Comme je l'imaginais, tous deux jaillirent de leur lit et filèrent vers la passerelle, me plantant là comme un **fossile** préhistorique. *Scouiiit !*

Quand j'eus rejoint, moi aussi, le centre de

commandement, je trouvai Traquenard en train de faire le malin, comme d'habitude :

– Retrouver un bébé T. rex ? Bah, pas de problème ! Pour un rongeur **sans peur** et sans reproche comme moi, ce sera un jeu d'enfant !

– Ouiiiiii ! exulta Benjamin. Je viens aussi ! Ce sera une aventure rabuleuse !

– Youpiiiiii ! renchérit Traqueline.

Moi, je tremblais de la tête à la pointe de la queue ! J'imaginais déjà des CROCS affilés, des GRIFFES acérées et des PATTES prêtes à écrabouiller…

– V-vous êtes sûrs qu'on d-doit vraiment y aller ? demandai-je, terrifié. P-peut-être que Prince T est en train de rentrer à la maison, comme un grand…

– Bonne remarque, Geronimo ! Nous devons partir tout de suite ! trancha Karina. Genny, tu restes à bord du GALION ?

– **Par toutes les corvettes corsaires, évidemment !** confirma la chercheuse. Il faut bien que quelqu'un veille sur notre QG.

Le moral dans les chaussettes, je commençai à me faire une raison, quand Traqueline s'approcha et me dit :

– Tiens, Geroni*ballot*, j'ai préparé ton SAC À DOS !

Je le mis sur mes épaules et tombai à la renverse !

Pfff… il pesait un âne mort !

– Ha ha ha ! s'esclaffa ma petite cousine. J'ai peut-être forcé sur les en-cas au fromage !

– Ben alors, ramollo de cousi*neau*, qu'est-ce que tu fabriques ? ricana Traquenard. Les T. rex nous attendent !

Quand enfin nous fûmes prêts à descendre à la plage, nous tombâmes sur un autre agent spécial du DINO, équipé de patte en cap : le célèbre **LENNOX JUNGLE** !

– Me voici, mes intrépides amis ! Dès que Karina m'a appelé, j'ai accouru !
Puis il me lança un coup d'œil et ajouta :
– Tiens, tu es là aussi, graine de froussard ? Tu es sûr de vouloir participer à cette **EXPÉDITION** ?
Karina prit ma défense :
– Quelle question ! Aurais-tu oublié que Geronimo est un **AGENT SPÉCIAL**, tout comme toi ?
– Pas faux... reconnut Lennox. Et maintenant du nerf, valeureux compagnons ! C'est moi qui vais vous guider à travers les pièges et les dangers de cette île ! Rappliquez ! La **forêt primaire**, à savoir l'habitat des T. rex, est par là !
– *Hum...* fit Karina. En

fait, elle est de l'autre côté, Lennox. De toute façon, nous emprunterons les **TUNNELS** !

– Les tu… les tunnels ?! répétai-je en tressaillant.

– Hé, l'ami, moins preux que peureux, tu es plus pâle qu'une **mozzarella momifiée** ! s'étonna Lennox.

Scouiiit, en effet ! Je ne supporte pas les tunnels ! Mais comme je n'avais pas le choix, je me résignai à suivre mes compagnons vers une dune, d'où pointait le couvercle d'une grosse **TRAPPE** métallique…

OUPS, FAUSSE ROUTE…

Lennox empoigna le volant de la trappe, me regarda et dit :

– Allez, PETITE FAISSELLE ! Donne-moi un coup de patte : nous devons dévisser ça !

– *Euh*… Traquenard ne pourrait pas le faire, pour une fois ? bredouillai-je.

Mon cousin me donna une grande claque dans le dos.

– Ne joue pas les modestes, Geroni*meste* ! Je te cède volontiers cette occasion de te mettre en valeur !

Argh, Traquenard ne changera jamais…

Je m'approchai de la trappe et me mis à TIRER en même temps que Lennox.

– Oooh… hisse ! Oooh… hisse ! Oooh… hisse !

Raaah, quel effort !

Enfin, le couvercle céda et devant nos pattes s'ouvrit un tunnel noir comme la nuit !

Chers amis rongeurs, je ne sais pas si vous le savez (et si ce n'est pas le cas, je vais vous le dire), mais l'île Météore est percée, en long et en large, de tunnels et de **PASSAGES SECRETS** : un vrai gruyère ! Ce sont les ancêtres de Genny Geiger qui les ont creusés, il y a bien longtemps, pour se déplacer sans déranger les dinosaures ! Dommage que le tout forme un vrai **LABYRINTHE**, sombre, froid et un tantinet… inhospitalier ! *Brrr !*

– Eh bien, qu'est-ce qui t'arrive, graine de froussard ? Tu trembles plus fort que le flan de baies que j'ai mangé pendant mon premier voyage au Ratikistan ! glapit Lennox en me donnant un coup de coude. Courage, on y va !

Sur ces mots, l'explorateur alluma sa TORCHE et s'engouffra dans le tunnel.

En un frémissement de moustaches, Karina et les enfants le suivirent et je commençai, moi aussi, à descendre le long de l'échelle métallique.

Dans ce boyau, il faisait **NOIR** à ne pas distinguer un chat d'un rat !

Pour couronner le tout, pendant que je descendais, Traquenard posa sa grosse patte sur ma tête…

– *Oups*, désolé, lambin de cousin ! Je ne savais pas que tu étais aussi lent ! s'exclama-t-il.

Quand tout le monde fut en bas de l'échelle, Lennox nous lança :

– Et maintenant, **SUIVEZ-MOI !**

Après une longue, très longue, interminaaaaaaaaaaaaaaaaaaaaaaaaaaaaaaaaaaaaaaaaaaaaaaaaaaaaaaaaaaaaaaaaaaaaaaaaable marche souterraine, notre explorateur s'arrêta sans prévenir. Résultat : Traquenard me rentra dedans.

– O-oh ! dit Lennox.

– Un problème ? demanda Traqueline.

– La sortie devrait être juste au-dessus de nous, expliqua Lennox. La **CARTE** est très claire : pour déboucher dans la forêt primaire, il faut remonter par la troisième trappe au nord du galion !

Karina pâlit.

– Comment ça au nord ?! Ici, c'est le **SUD** !

Lennox ouvrit de grands yeux, retourna la carte qu'il avait entre les pattes et s'esclaffa.

– Excusez-moi… J'ai dû commettre une petite erreur, hou hou hou ! Pas de panique, mes preux amis ! Je vais arranger ça tout de suite ! Suivez-moi !

Bien des **KILOMÈTRES** plus loin (et après de nombreux changements de direction), nous remontâmes enfin à la surface.

Mais ce que nous découvrîmes faisait peur à voir : on aurait dit qu'une tornade avait traversé l'île et tout détruit sur son passage !

Les arbres étaient déracinés, les rochers cassés en mille morceaux, et il y avait de gigantesques empreintes par terre !

– Regardez ! s'exclama Benjamin en désignant quelques **STÉGOSAURES** qui se faisaient tout petits derrière un buisson déplumé.

– Les parents de Prince T ont dû passer par là ! dit Karina.

Dequoidequoidequoi ? Ce désastre à peine croyable était l'œuvre de Papa et Maman T. rex ? *Gloups !*

Et s'ils étaient encore dans les parages ?!

Avant même que j'aie le temps d'articuler le moindre mot, Karina tourna ses yeux bleus vers Traquenard et moi, puis déclara :

– **AGENTS SPÉCIAUX** DINO, je compte sur vous ! Il n'y a pas une minute à perdre. Tâchons de dénicher des **INDICES** : nous devons retrouver Prince T de toute urgence !

DES BRUITS SUSPECTS

Chacun de nous se mit à regarder attentivement autour de lui.

Ratédiction, ces deux grosses **bêtes** à la recherche de leur petit avaient fait de sacrés dégâts !

Nous unîmes nos efforts pour essayer de trouver des indices, quand…

Grouaouuu !

Un bruit impressionnant brisa le silence qui régnait dans la forêt primaire. *Par cent mille mimolettes*, de quoi pouvait-il bien s'agir ?

– C'est peut-être un **orage**… avança Benjamin.

– Impossible ! Il y a un soleil de plomb ! objecta Traqueline.

– Et si c'était le cri de Prince T ? hasarda Lennox Jungle.

J'en devins blanc comme une mozzarella.
– À moins que ce ne soient ses pa… ses papa… ses parents ? bredouillai-je. Oh nooon, je ne veux pas devenir de la chair à T. rex !
– Hem ! fit Traquenard en toussotant. *Onsecalmeonsecalmeonsecalme !* C'était juste mon ventre ! Vous n'auriez pas un petit quelque chose à grignoter ?
Karina sortit de son sac à dos un paquet de crackers au fromage et le lui tendit.
Puis elle nous ordonna de nous disperser et affecta à chacun une zone de recherche.

Personnellement, j'avais une FROUSSE FOSSILE,

je dirais même une FROUSSE PRÉHISTORIQUE,

voire une FROUSSE JURASSIQUE !

Au fond de moi, j'espérais de toutes mes forces que Karina retrouve Prince T ! Elle au moins était brillante, efficace et visiblement insensible à la peur !

Pas comme moi, qui tremblais de la tête à la pointe de la queue rien qu'en pensant ne serait-ce qu'à une dent de T. rex.

Soudain, quelque chose attira mon attention : pris dans les branches d'une sorte de **BUISSON PRÉHISTORIQUE**, un morceau de tissu rose ondulait au vent. *Raperlotte,* un bandana de pirate !

– Non, non et non… couinai-je. On ne va pas devoir, en plus, affronter Boston Blake !

Pour votre information, Boston Blake est un pirate bien connu de notre service : ce qui l'intéresse, ce ne sont pas les **DINOSAURES** (loin de là !), mais le trésor caché dans l'île !

Quel rapport entre ce flibustier et Prince T ? Mystère !

Je décrochai le foulard et courus vers Karina en criant :

– Un indice, j'ai trouvé un indiiiiiiiiiiiiiiiiiiiiiiiiiiiiiiiiiiiiiiiiiiiiiiii

Ce faisant, je trébuchai sur une RACINE, glissai dans la boue et m'immobilisai juste derrière Karina.

Voyant ce que j'avais à la patte, elle s'exclama :

– Ah, tu as trouvé quelque chose ! Et ce quelque chose me fait penser à quelqu'un : **Boston Blake !**

– Bravo, graine de froussard ! se réjouit Lennox en surgissant à côté de mon amie.

Quelle fierté ! Quel honneur ! J'avais contribué à faire avancer notre mission !

Karina examina le bandana de plus près.

– *Hum...* souffla-t-elle en fronçant les sourcils. Je crains que cet indice ne nous soit pas très utile, en fin de compte !

Je la regardai d'un air désespéré.

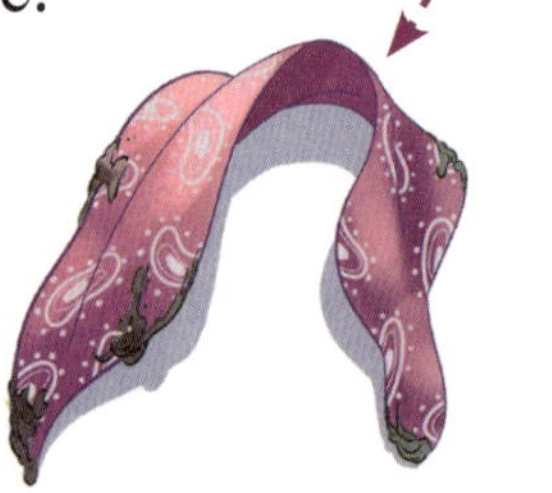

– Tu vois ces **traces de boue** ? Elles sont sèches. Et le tissu a souffert du soleil et du vent. Ce foulard est sûrement là depuis longtemps. Boston Blake a dû le perdre lors d'une de ses précédentes expéditions. Autrement dit, notre pirate n'a rien à voir avec la disparition de Prince T !

Lennox me donna une colossale tape dans le dos.

– Ne t'en fais pas, roi des chocottes ! Un de ces jours, toi aussi tu feras quelque chose de bien !

Je soupirai, découragé, quand un grand bruit résonna dans la **FORÊT**.

TAGADOUM... TAGADOUM... TAGA-DOUM...

Je me tournai vers Traquenard.

– Tu as encore faim ? lui demandai-je.

– *Euh...* navré de te décevoir, cous*inounet,* me répondit-il, mais cette fois je n'y suis pour rien !

Je m'aperçus alors que la terre TREMBLAIT sous mes pattes.

– Oh nooon... gémit Traqueline en pointant le doigt devant nous.

À l'horizon s'élevait un gros nuage de poussière. *Nom d'un rat,* que se passait-il ?

Je plissai les yeux et... *gloups !*

Au beau milieu de la poussière apparut un troupeau d'énormes dinosaures au galop, qui venait droit sur nous.

Tête baissée, ces maudits bestiaux nous chargeaient ! Et, cerise sur le livarot, leur crâne était cerclé de pointes acérées !

Hééé, j'étais trop jeune pour m'éteindre si tôt ! *Aaargh !*

– Ce sont des **pachycéphalosaures** ! nous cria Karina.

– Pourquoi en ont-ils après nous ? voulut savoir mon cousin.

– Ce n'est pas nous le problème, expliqua mon amie en secouant la tête. Les T. rex les ont effrayés et… ils s'enfuient à toutes pattes !

– Je propose de faire comme eux… lançai-je. À savoir décampeeer !

– Pour une fois, notre frileux ami a raison ! hurla **LENNOX JUNGLE**. Suivez-moi, on file vers l'ouest !

– Sauf que là… c'est l'est, marmonna Karina.

Ce détail réglé, nous suivîmes tous l'exemple de Lennox et nous mîmes à courir *À LA VITESSE GRAND V* !

GERONIMO FACE AU…

PACHYCÉPHALOSAURE

Traduction : LÉZARD AU CRÂNE ÉPAIS

Poids : DE 500 KILOS JUSQU'À 2 TONNES

Régime : HERBIVORE

Longueur : JUSQU'À 5 MÈTRES

EXPLORATEUR À L'ACTION !

Mes pattes moulinaient aussi vite que les pales d'un hélicoptère… *Pouf ! Han !*
Mais les dinosaures gagnaient du terrain !

Nous étions crevés, CLAQUÉS, VIDÉS !

– Courage, les amis ! cria Karina. Tous dans cette grotte !
Par mille mimolettes, cette rongeuse avait du génie !
Les **BESTIAUX** étaient beaucoup trop gros pour entrer dans la caverne, alors que pour nous c'était le refuge idéal !
L'un après l'autre, mes amis s'engouffrèrent dans la **GROTTE**.

J'allais y entrer, à mon tour, quand…
je marchai sur une branchette…

Crac !

je m'emmêlai les pinceaux…

Oh nooon !

je trébuchai et m'affalai par terre…

Patatras !

Pendant ce temps, les pachycéphalosaures arrivaient au grand galop !
Ratédiction ! Et maintenant ?
Je n'avais plus le temps d'atteindre la grotte…
plus le temps de me relever et de COURIR…
plus le temps de rien de rien de rien !
Sauf peut-être…
Une toute dernière chose. Laquelle, vous demandez-vous ?

C'est pourtant clair :

hurler à pleins poumons !

– Au secouuuuuurs !

Mais rien ne se passa. Comme je fermais les yeux, prêt à être réduit en bouillie par les grosses pattes des dinosaures EMBALLÉS, j'entendis une voix crier…

– Me voilààà !

Hé, qui avait dit ça ?

– Froussard de chez froussard, ouvre les yeux si tu veux être SAUVÉ ! Je ne peux quand même pas les ouvrir à ta place !

Raperlipopette, c'était c'était c'était… Lennox Jungle ! Suspendu à une LIANE, il volait vers moi ! Je le regardai, les yeux écarquillés, et avant même que j'aie le temps de dire «*scouiit*»…

– Attrape ma patte, et COURAGE ! me lança-t-il. Même si avec toi «courage» n'est pas le mot qui convient. Enfin, tu vois ce que je veux dire, non ?

Je me dressai vers l'explorateur et, en un frémissement de moustaches, me retrouvai **CRAMPONNÉ** à lui, pendant que les pachycéphalosaures piétinaient le sol sous nos pattes...

Un instant plus tard, Lennox et moi atterrîmes en souplesse un peu plus loin.

Le troupeau de mastodontes préhistoriques poursuivit sa **COURSE**, et quand ils eurent enfin disparu de notre vue, nos amis sortirent de leur cachette et nous rejoignirent.

Benjamin et Traqueline se précipitèrent vers moi pour m'embrasser.

– Ouf, tu vas bien, tonton G !

– Une journée un peu rude, hein, Geroni*mude* ? ajouta Traquenard.

– Scouittt ! Je suis si content de vous revoir ! m'exclamai-je, tout ému.

Puis je me tournai vers Lennox, lui souris et soufflai :

– Tu m'as sauvé la vie ! Je…

– Ne dis rien, pétochard d'ami ! C'était un jeu d'enfant ! Mais si tu tiens vraiment à me remercier, accompagne-moi dans ma prochaine sortie de kayak extrême sur les rapides Sans Retour !

Tout le monde éclata de rire et, moi, je devins

blanc comme une mozzarella… Cette fois, je m'étais mis dans le PÉTRIN tout seul !

– Trêve de bavardages, intervint Karina. Nous avons une mission à accomplir !

Nom d'une souricière, elle avait raison : cette mésaventure à vous électriser les moustaches nous avait éloignés de notre objectif. Lequel était de…

RETROUVER PRINCE T !

– Regardez, à côté des empreintes des pachycéphalosaures, il y en a d'autres, plus petites… observa Benjamin.

Posant sa patte dans l'une d'elles, Traqueline remarqua :

– Celle-ci est à peine plus grande que ma menotte, hi hi hi !

– Bravo, souriceaux, vous avez trouvé des traces précieuses ! se réjouit Lennox. Érapatant !

– Et, coup de chance, ce sont celles d'un

jeune T. rex, ajouta Karina. Prince T est passé ici !

Pendant que mon amie examinait les traces de plus près, un drôle de bruit attira mon attention…

FROUCH ! FROUCH !! FROUCH !!!

Par mille munsters, quelque chose s'agitait dans les buissons !

PETITS CARNIVORES... GROSSE PEUR !

Je me tournai vers les autres et chuchotai :

– Regardez là !

Nous nous approchâmes du buisson à pas de rat et entrevîmes, au milieu du feuillage, la silhouette d'un BÉBÉ DINOSAURE !

– Le voilà ! murmura Karina en tendant la patte pour écarter les feuilles. Viens ici, mon mignon...

Au même instant, Prince T jaillit du bosquet et fila comme une fusée dans la direction opposée !

– Attention, il s'échappe ! cria Traquenard.

Tâchant de nous frayer un chemin parmi les arbustes, nous nous lançâmes à sa poursuite.

– *Pouf ! Raaah !* Ce qu'il est rapide, ce petit... haletai-je en me traînant, à bout de souffle, derrière mes compagnons.

– Courage, graine de froussard ! m'encouragea Lennox. Lève-moi ces genoux ! HOP HOP HOP HOP

Pendant ce temps, le jeune animal bondissait de rocher en fougère à la vitesse de l'éclair. Au bout d'un moment, enfin, il s'arrêta.

Il avait retrouvé son troupeau. Ou plutôt *un* troupeau, car celui-ci n'était pas formé de T. rex ! Prince T était entouré de dinosaures PETITS et AGILES, comme lui, mais d'une autre espèce.

– Oh, ce sont… commença Karina.

– … de vrais amours, oui ! termina Traquenard en s'approchant lentement du groupe de DINOSAURES de petit format.

Leur tendant un en-cas, mon cousin ajouta :

– Ces grands et gros pachycéphalosaures vous ont collé une belle frousse, à vous aussi ? Ou étaient-ce ces deux **T. rex** aux dents sacrément pointues qui cherchaient leur petit ?

– Traquenard, n'avance surtout pas ! lui cria Karina.

– T'inquiète, je sais m'y prendre avec les ANIMAUX ! Et ceux-là sont si craquants, si inoffensifs, si…

– CARNIVOOORES !!! hurla Karina.

Les demi-portions ouvrirent leur gueule, qui dévoila deux rangées de CROCS ACÉRÉS !

– J'ai essayé de vous le dire : ces dinosaures sont des compsognathus, soupira mon amie.

– Compso*quoi* ?

– Compsognathus, Geronimo ! Une espèce assez **AGRESSIVE**, qui plus est !

– Tout doux… tout doux… chevrota Traquenard en reculant. C'est pas tout ça, mais nous, on doit y aller…

GERONIMO FACE AU...

COMPSOGNATHUS

Traduction : À MÂCHOIRE FINE

Poids : ENVIRON 3 KILOS

Régime : CARNIVORE

Longueur :
DE 70 CENTIMÈTRES
À 1 MÈTRE

L'un des dinosaures poussa un cri strident et le reste du groupe l'imita avant de se ruer vers nous.

Argh ! L'horreur ! Ils semblaient bien décidés à nous croquer comme du **pop-corn préhistorique** !

Nous n'eûmes d'autre choix que de décamper à nouveau !

Derrière nous, les compsognathus bondissaient souplement sur leurs pattes postérieures. Certes, ils étaient petits, mais **VIFS** comme l'éclair !

– Dispersons-nous, on les sèmera plus facilement, proposa Lennox.

Je ne me le fis pas dire deux fois : je tournai à droite, mais deux de ces animaux me suivirent. Je courus, courus, leurs griffes acérées moulinant l'air juste derrière moi…

Brrr, quelle frousse jurassique !

Soudain, je remarquai une brèche au milieu de la **BROUSSAILLE** que formaient les arbustes entrelacés, tout près de moi. *Par*

mille mimolettes, on aurait dit un trou dans une haie !
Sans hésiter, je sautai dedans. Quelle chance, c'était l'entrée d'un minuscule **TUNNEL** végétal !
Chers amis rongeurs, comme vous le savez, je ne suis pas un gars, *ou plutôt un rat,* athlétique, mais parfois la peur me donne des ailes !
Le seul petit, tout petit, minuscule problème qui m'avait échappé est que cette broussaille était hérissée d'épines très, mais très **pointues**...

Aïe ! Aïe ! Ouille !

Je me piquai de partout…
Mais plus l'ombre d'un compsognathus ! *Ouf*, je préférais encore être piqué que… becqueté !
Il ne me restait plus qu'à ramper jusqu'à la sortie et à chercher mes amis.
Lorsque enfin j'émergeai de ce boyau truffé de ronces et d'épines, je regardai autour de moi et ce que je vis me coupa la chique : j'étais au bord d'une FALAISE qui tombait droit dans la mer !

UNE DENT... DE PRINCE !

J'explorai le bord de la falaise pour trouver le moyen de revenir en arrière.

Le panorama était rabuleux, avec une vue sur l'océan à couper le souffle... mais je ne savais pas du tout de quel côté **aller** !

Soudain, une voix s'exclama :

– En voilà une surprise, paumé de cousin !

Par mille millions de mimolettes, c'était Traquenard... accompagné de Lennox, de Karina et des enfants !

Poussant un grand soupir de soulagement, je m'écriai :

– *Ouf,* vous êtes sains et saufs !

– Oui, d'abord, on a semé les **COMPSOGNATHUS**... commença Benjamin en souriant.

– ... puis on t'a suivi dans la haie ! finit Traqueline.

– Coup de bol, toutes les **épines** s'étaient déjà plantées dans ton poporatin, graine de froussard ! s'esclaffa Lennox.

– Bravo, Geronimo ! conclut Karina. Tu as **trouvé** le tunnel creusé par Prince T !

– *Dequoidequoidequoi ?* C'est lui qui a dégagé ce passage ?

– Exact, confirma mon amie. Regarde ce que j'ai trouvé dans les ronces.

Ouvrant la patte, elle me fit voir…

– Une **« DENT DE LAIT »** ! Comme tous les

TYRANNOSAURES, Prince T perd ses dents quand elles s'usent. À la place sortiront de nouveaux crocs bien solides. Et ce sera comme ça pendant toute sa vie.

Par mille comtés jurassiens, pardon, jurassiques, Karina était une vraie experte !

– Passionnant ! commenta Traqueline.

– Fantasouristique ! renchérit Benjamin.

– *Pfff...* je l'avais deviné tout de suite ! plastronna Traquenard pour ne pas être en reste. Vous avez devant vous l'un des plus grands SPÉCIALISTES mondiaux...

– De quoi ? Des dents ? J'ignorais que tu étais dentiste ! s'émerveilla Lennox.

Puis, ouvrant grand la bouche, il grommela :

– Jette un coup d'œil à mes molaires. Je crois qu'elles ont besoin d'être *soignées* !

– Euh, ben... bredouilla mon cousin. Disons que je ne suis pas exactement dentiste... Disons que je connais quelqu'un qui connaît quelqu'un qui, un jour, m'a expliqué deux, trois trucs à propos des dents... Donc si tu

as besoin d'un DENTISTE, tu peux tranquillement aller le voir en lui disant que c'est moi qui t'envoie !
Hé hé hé, Lennox n'avait pas encore eu le temps de faire le tour du personnage, *ou plutôt du fanfaron*, qu'était mon cousin !
Sur ce, je demandai à Karina :

– Donc, si on récapitule… tu penses que Prince T est passé par là ?

– Sûre et certaine, Geronimo ! Même si je comprends mal ce qui a pu lui arriver. Une hypothèse peut être que notre bébé dinosaure s'est perdu, qu'il a rencontré les **COMPSOGNATHUS** et a voulu jouer avec eux…
– Mais que, vu leur sale caractère, ces lézards cavaleurs l'ont pris en chasse… poursuivit Traquenard.
– Et que, mort de peur, le petit a filé, plongé dans la broussaille et en est ressorti par ici ! termina Lennox, content de lui.

Au bout de quelques minutes de **SILENCE**, Benjamin demanda :
– Mais maintenant, où est-il ?
Tout notre groupe se tourna vers la mer et Traqueline s'écria d'un ton inquiet :
– Et s'il avait *glissé* de la falaise ?

PARENTS À LA RESCOUSSE !

Lennox Jungle scruta les vagues, puis déclara :

– Aucune trace du petit. Rien, zéro, *nada*…

Au même instant…

BAM ! BAM !

Des bruits sourds résonnèrent derrière nous !

GROAAAR !

Un terrible rugissement se fit entendre !

TICTICTIC !

Je me mis à claquer des dents, mort de **frousse** !

Nous nous tournâmes très doucement et…

nous trouvâmes face aux deux **DINOSAURES** les plus dangereux et terrifiants que j'avais jamais vus ! Ils étaient énormes, couverts d'écailles et avaient la gueule hérissée de dents gigantesques ! Tandis qu'ils nous fixaient d'un air **FÉROCE**, Karina murmura :

– Ah, Gédéon et Ornella ! Ce sont les parents de Prince T…

– *Euh*, je… j'aurais préféré faire leur connaissance dans d'autres ci… circonstances… bafouilla mon cousin.

– Voire même pas du tout, ajoutai-je en **TREMBLANT**.

– Mauvais plan ! Pire encore que quand je me suis retrouvé museau à museau avec une **PANTHÈRE NOIRE**… marmonna Lennox Jungle d’un ton parfaitement détaché.

– Que… qu’est-ce qu’on fait ? bredouilla Ben.

Lentement, un immense **pas** après l’autre, les T. rex avançaient inexorablement vers nous.

BOUM !

Autour de nous, la terre tremblait…

BOUM ! BOUM !

Nos boyaux se tordaient… se tordaient… se tordaient… se tordaient… se tordaient… se tordaient…

BOUM ! BOUM ! BOUM !

Nos moustaches se vrillaient tant nous chocottions !

Et plus ils avançaient, plus nous reculions.

Jusqu’au moment où… je voulus faire un pas en arrière et rencontrai… le vide !

Scouiiit !

Oh non, les amis !
Que faire ?!

Nous étions tout au bord de la falaise !
– *Par mille mini-fromages affinés !* Et maintenant ?

GROAAAAR !

Pour toute réponse, Maman T. rex, je veux dire Ornella, poussa un **RUGISSEMENT** qui m'ébouriffa le pelage… Au secouuurs !
– On n'a pas vraiment le choix… souligna pensivement Lennox. Ou on reste et on se fait **croquer**, ou…
« Ne dis pas *On saute !* Pas *On saute !* Pas *On saute !* » le suppliai-je mentalement.
– … ou on saute ! conclut Lennox.
Et voilà, je le savais ! Noooooooon !
– Suivez-moiii ! cria notre explorateur en se précipitant dans le vide.
En un frémissement de moustaches, les enfants l'imitèrent, puis Karina sauta sans sourciller.
Restaient Traquenard et moi, pétrifiés au sommet de la falaise.
– Geroni*meur*, à toi l'honneur ! s'exclama mon cousin.

– Minute ! Tu n'as pas été moniteur de saut en parachute, à une époque ? répliquai-je.
– *Euh*, si… D'ailleurs, j'aimerais voir ce que tu vaux en chute libre !

GROAAAAAR !

Après ce puissant rugissement de Papa T. rex, enfin de Gédéon, Traquenard et moi échangeâmes un regard TERRORISÉ.
Une seconde plus tard, nous sautâmes à notre tour pour nous mettre à l'abri !

PLOUF !

Comme Traquenard et moi étions très lourds (et avions le diable, enfin les T. rex, aux trousses), nous fûmes dans l'EAU avant même Karina et les enfants.

Je moulinai des pattes pour rester à la surface, mais mon sac à dos m'alourdissait…

– Vous avez vu Lennox sur son **rocher** ? lança Traquenard. Rejoignons-le !
Par mille mimolettes, notre ami nous attendait au sommet d'un écueil en **FOUILLANT** dans son propre sac.
– Pas ça… murmurait-il. Ça, non plus… Ça, peut-être après…

Il en sortit, dans l'ordre :

- une moustiquaire de voyage ;
- un poivrier géant ;
- un masque pour dormir (orné de pois).

– Lennox, qu'est-ce que tu fabriques ? l'interpella Karina en agitant les pattes.

Pour toute réponse, l'explorateur s'exclama :

– Le voilà !

Nom d'un rat, Lennox exhiba un immense canard **pneumatique** jaune, qui, en l'es-

pace de quelques minutes, le temps qu'il le gonfle de tout son souffle, se transforma en canot de SAUVETAGE !

Youpiii, nous étions sauvés !

– Lennox, tu es rabuleux ! s'émerveilla Traqueline pendant que nous montions à bord, l'un après l'autre.

– Un bon explorateur doit avoir un peu de tout dans son SAC, répliqua notre héros.

– Regardez, une plage ! dit alors Karina. Essayons de l'atteindre.

– En avant, énergiques amis ! claironna Lennox. Prenez ça !

Ce disant, il sortit de son sac quatre rames : une pour lui, les trois autres pour Traquenard, Karina et moi.

Nous retroussâmes nos manches et nous mîmes à pagayer vers le rivage. Nous touchions au but, quand une chose **VISQUEUSE** m'effleura la patte…

ATTAQUE SOUS-MARINE

– Vous… vous avez senti ce que j'ai senti ? bredouillai-je.

– Qu'as-tu senti, graine de froussard ?

– Il y a quelque chose dans l'eau ! chevrotai-je, tremblant de peur.

Peur qui se transforma en terreur… laquelle tourna à l'épouvante quand je vis sortir de l'eau deux terrifiants, que dis-je ? épouvantables, voire abominables MONSTRES MARINS !

– Il ne manquait plus que ça ! s'écria Karina. Ce sont des élasmosaures !

GLOUPS ?! Des élasmo*quoi* ?!

Les élasmosaures sont de gigantesques reptiles dotés d'un long cou et de nageoires immenses, et nos deux spécimens nageaient à toute vitesse, visiblement dévorés par l'envie de… croquer des rongeurs !

GERONIMO FACE À...

L'ÉLASMOSAURE

Traduction :
REPTILE À LAMELLES

Poids :
JUSQU'À 15 TONNES

Régime : CARNIVORE

Longueur :
ENVIRON 14 MÈTRES

L'un d'eux ouvrit la gueule, laissant voir deux rangées de CROCS ACÉRÉS qui brillaient comme des couteaux… *Aaargh*, s'ils nous rejoignaient, ils ne feraient de nous qu'une bouchée !

– On est dans de sales draps ! s'exclama Benjamin. La plage est trop loin.

– Essayons de nous réfugier là-haut, proposa Karina en désignant un **ESCARPEMENT ROCHEUX** qui tombait à pic dans la mer.

Dequoidequoidequoi ? De l'escalade, maintenant ?!

Décidément, ce n'était pas mon jour ! J'allais protester, mais au même moment l'un des **élasmosaures** tendit le cou vers Benjamin.

– Attention ! beuglai-je.

Mon neveu plongea dans l'eau, mais les mâchoires du terrible **ANIMAL** se refermèrent sur notre canot, qui se dégonfla…

– Oh non ! couina Traqueline.

Quand Ben refit surface en crachotant, Lennox le saisit et le tira à l'écart.

- **ACCROCHE-TOI**, n'aie pas peur !

Entre-temps, les deux élasmosaures semblaient avoir décidé de faire de nous, pauvres agents spéciaux du DINO, leur quatre-heures !

– Courage, les amis ! On peut y arriver ! nous encouragea Lennox.

– Traqueline, reste à côté de moi ! cria Traquenard.

Nous nous mîmes à **nager** de toutes nos forces.

Soudain, quelque chose jaillit de l'eau et je

me sentis **SOULEVÉ** de plusieurs mètres, comme dans un ascenseur.

Je regardai sous mes pattes… *Scouiiit !*

J'étais perché sur l'énorme tête de l'un de ces MONSTRES MARINS. Au secours !

Par mille mimolettes,

QUELLE FROUSSE CRÉTACIQUE !

Tandis que mes amis gagnaient la paroi rocheuse, je me cramponnai tant bien que mal au cou du **reptile visqueux**.

– Saute, tonton G ! me lança Benjamin.

Rassemblant tout mon **COURAGE** (ou le peu que j'en ai), je fis ce qu'il me dit. Et, avant que l'élasmosaure ne puisse me rattraper, je nageai à toute vitesse jusqu'à l'escarpement.

Là, je m'agrippai avec l'énergie du désespoir à une **SAILLIE**... quand quelqu'un me saisit par le sac à dos.

– Pauvre de moi ! Ils m'ont eu ! pleurnichai-je.

Mais ce n'était que **LENNOX JUNGLE**, qui, d'un geste vif, m'arracha au rocher pour me déposer près de nos compagnons, au creux d'une petite anse protégée des regards.

Je me jetai dans les bras de mes amis : nous étions **TREMPÉS** et horrifiés, mais sains et saufs !

ET PRINCE T ?

Pendant que nous reprenions notre souffle, je remarquai que Karina avait l'air triste.

– Nous nous en sommes tirés, mais **Prince T**, qu'est-il devenu ? Je crains le pire…

Mon amie **PALÉONTOLOGUE** se rembrunit, baissa la tête et une petite larme coula le long de sa joue.

Ben et Traqueline s'assombrirent, eux aussi, et Traquenard lui-même laissa échapper un soupir.

– Mais enfin, qu'est-ce qui vous prend, mes intrépides amis ? s'étonna Lennox. Nous venons d'**échapper** à trois espèces différentes d'animaux préhistoriques sans jamais perdre notre dignité ! Sauf notre graine de froussard, bien sûr… mais dès le départ, il était mou du genou.

– Lennox a raison ! insistai-je. Nous nous sommes bien défendus ! Il ne faut pas désespérer : tout n'est pas joué !

– D'accord, mais PRINCE T ? demanda Traqueline, inquiète.

Karina essuya ses larmes, puis annonça, le regard brillant :

– Le mieux est de rentrer à la base pour réorganiser notre expédition ! Nous retrouverons notre petit dinosaure perdu, je vous le promets !

– Ça, c'est la bonne attitude ! commentai-je.

– Nous consulterons Genny et élaborerons un nouveau plan, poursuivit Karina. Et maintenant, tous au GALION ! Vous êtes prêts ?

– Voyons un peu… réfléchit Lennox. On pourrait grimper tout là-haut là-haut…

Je jetai un coup d'œil à la paroi rocheuse. Elle était escarpée, glissante et vertigineusement haute !

– Pas question ! tranchai-je.

– Ou alors, poursuivit l'explorateur, replonger dans les vagues glacées et les courants impétueux…

– Même pas en rêve ! La rencontre avec ces MÉGA-REPTILES MARINS m'a suffi ! protestai-je en reculant.

Je fis un pas, deux pas, trois pas en arrière et… TRÉBUCHAI sur quelque chose de froid et de métallique, avant de m'étaler comme une pâte à tartiner.

BOÏNG !

PASSAGE SECRET

– Oh, l'accès à un tunnel du **DINO** ! se réjouit Karina, ravie. Bien joué, Geronimo ! Nous sommes sauvés !

Je devins rouge comme une tomate. Si j'étais tombé dessus, c'était complètement par hasard…

– Et où mène-t-il, ce tunnel, à votre avis ? demanda Benjamin.

– Je l'ignore, répondit mon amie. Mais si nous voulons le savoir, il n'y a qu'une chose à faire…

– **OUVRIR LA TRAPPE !** la devança mon cousin Traquenard.

Sur ces mots, il posa les pattes sur le **volant** du couvercle et tenta de le faire tourner. Mais celui-ci ne bougea pas d'un poil. *Pfff !*

– Essayons tous ensemble ! proposa Ben.

Nous tirâmes de toutes nos forces, mais la TRAPPE ne voulait pas s'ouvrir…

– Et maintenant ? soupira Traqueline, découragée.

Entre-temps, Lennox Jungle s'était remis à fouiller dans son SAC.

– Pas ça, ni ça. Ça non plus, zut et rezut…

Après avoir écarté, dans l'ordre :

– un hamac de poche ;
– un bocal de cornichons ;
– un appeau à pinson...

notre explorateur poussa un cri triomphal :
– Trouvé !
Lennox tenait un tube de **CRÈME SOLAIRE**.
– Parfait ! jubila-t-il.
Je le regardai d'un air perplexe et dis :
– *Euh*, c'est vrai qu'on est à la mer, mais le moment me semble mal choisi pour faire bronzette !
– Qui parle de **bronzer**, graine de froussard ? répliqua-t-il en nous adressant un clin d'œil. Tu vas voir ce que tu vas voir !
Par mille mimolettes, qu'avait-il derrière la tête ? Je n'y comprenais croûte !
Sous nos **REGARDS INTRIGUÉS**, Lennox ouvrit le tube, se tartina les pattes de crème et en **ENDUISIT** l'axe du volant.
– La crème solaire a une consistance huileuse, grasse donc, expliqua-t-il. L'idéal pour

faciliter l'ouverture de ce vieux **MACHIN TOUT ROUILLÉ** !

Ben et Traqueline s'exclamèrent comme un seul rat :

– Fantasouristique !

– Trop fort, Lennox ! renchérit Karina.

Une fois l'opération terminée, l'aventurier s'essuya les pattes et dit :

– **ON ESSAIE À NOUVEAU !**

Nous acquiesçâmes et…

Hourraaaaa !!!

Cette fois, la trappe s’ouvrit !

SURPRISE !

Nous descendîmes l'un après l'autre dans le tunnel, à la seule lumière de nos TORCHES.

– Ce que c'est excitant, tonton G ! chicota Benjamin. On se demande vraiment où conduit ce tunnel !

Mmouais… pour ma part, j'étais moins excité qu'effrayé !

J'allais lui répondre, quand Lennox annonça :

– Mes preux amis, il y a une sortie juste au-dessus de nous ! Êtes-vous prêts à **découvrir** où elle mène ?

– Ouiiiiiii ! hurlèrent en chœur les souriceaux.

Lennox gravit l'échelle métallique, puis débloqua la porte qui se trouvait tout en haut. La TRAPPE grinça et s'ouvrit dans un grand *CRIIIC* !

Enfin, notre ami marmonna quelque chose que nous eûmes du mal à comprendre.
– Il a dit quoi ? demandai-je à Traquenard.
Mon cousin répéta la question à Karina…
qui la répéta à Traqueline…
qui demanda à Ben :
– ÇA VEUT DIRE QUOI ?
Et les réponses s'enchaînèrent :
– Il a dit **tapis** ! rapporta Ben à Traqueline.
– Il a dit **tamis** ! répéta Traqueline à Karina.
– Il a dit **rami** ! répondit Karina à Traquenard.
– Il a dit **radis** ! finit par me dire celui-ci.
Par dix mille milliards de mimolettes, comment ça, **RADIS** ?! Que voulait-il dire par là ?!
– Pas radis ! Tapis ! glapit Lennox de là où il était. J'ai dit *tapiiis* ! Montez, mes vaillants amis, et vous saurez pourquoi… Vous n'allez pas en croire vos mirettes !
Quand je pointai le museau hors de la trappe, je restai bouche bée : nous avions regagné notre point de départ. Plus précisément l'une des *cabines* du galion abritant le DINO !

– Eh bien, qui se souvenait qu'il existait une sortie juste ici ?! s'étonna Karina.

Lennox lui adressa un clin d'œil et répondit :

– Chose d'autant plus difficile, ma valeureuse amie, qu'elle était cachée par ça…

D'un geste, il désigna un TAPIS.

– Évidemment ! Tout s'explique ! conclut alors Karina.

Nous cherchâmes Genny et, bien sûr, la trouvâmes dans son laboratoire.

– Par la barbe de mon grand-père pirate ! s'exclama-t-elle d'une voix décidée. Enfin, vous revoilà !

– Oui, Genny, murmura Benjamin. Mais sans PRINCE T…

La chercheuse eut un drôle de sourire et pointa le doigt vers un coin de la pièce.

Je regardai dans la direction indiquée et vis :

deux PETITS YEUX VIFS ;

deux rangées de CROCS ACÉRÉS ;

deux narines frémissantes…

– Mais c'est lui ! s'écria Traqueline. C'est Prince T !
Hein ?! Comment était-ce possible ? J'en restai sans voix et faillis bien

m'évanouir de frousse !

UNE FAMILLE RÉUNIE !

– Depuis quand est-il là ? enchaîna Karina. Genny, pourquoi ne pas nous l'avoir dit plus tôt ?
– Par tous les flibustiers, ce n'est pas ma faute si vous avez mis une éternité à le chercher ! Le petit vient tout juste de débarquer… Il avait si peur, le pauvre, que…

CRAC !

Oups ! Courant autour de la pièce, Prince T avait balayé de la queue quelques éprouvettes de Genny Geiger.
O-oh ! Déjà que la professeure ne supportait pas qu'on touche à ses affaires, s'il s'avisait de les casser… Nous nous attendîmes à la voir piquer l'une de ses COLÈRES légendaires, au lieu de quoi…

– Regardez-le ! N'est-il pas trognon ? Comment une scientifique comme moi pouvait-elle laisser passer l'occasion d'étudier un bébé **TYRANNOSAURE** d'aussi près ?
Karina soupira, puis déclara :
– Tout est bien qui finit bien ! Mais maintenant, nous devons ramener Prince T à ses parents ou les T. rex détruiront l'**ÎLE MÉTÉORE**.
– Le seul problème… commença Benjamin en riant, c'est de réussir à l'attraper !
Le fait est que Prince T semblait incontrôlable : parcourant le galion de haut en en bas, à la vitesse de l'**ÉCLAIR**, il provoquait une catastrophe après l'autre !
D'abord, il sauta sur une bibliothèque, dont tous les livres tombèrent…
Puis il trottina sur l'ordinateur de Karina, qui finit écrabouillé…
Enfin, il regagna le laboratoire de Genny et **PULVÉRISA** les éprouvettes tombées par terre !

– Je m'en occupe ! intervint Lennox.

Saisissant un HARNAIS SPÉCIAL DINOSAURE, il le lança vers Prince T.

– Je l'ai eu !

Le petit poussa un rugissement.

– Ne crains rien, mon mignon ! le rassura l'explorateur. Je te ramène chez toi !

– On peut venir avec toi ? lui demanda Traqueline.

– Il ne vaut mieux pas. S'approcher de ses parents peut être risqué. Mais vous pourrez suivre l'opération sur l'écran de contrôle de la **PASSERELLE**.

De fait, quand Lennox fut parti avec le petit, nous nous réunîmes devant le grand écran.

– Cette aventure a été **RABULEUSE**, tonton G ! conclut Benjamin, tout content.

Vrai de vrai, pensai-je en souriant, mais quel soulagement qu'elle soit finie !

– Hé, regardez-les ! s'exclama Traqueline. Ce qu'ils sont craquants !
Sur l'écran venaient d'apparaître les parents de Prince T.
Genny agrandit une partie de l'image et nous découvrîmes Lennox caché derrière une feuille immense, prêt à libérer le bébé.
– Vas-y ! dit-il en le lâchant.
Le petit grogna doucement. Ses parents se retournèrent, puis s'élancèrent vers lui en… écrabouillant tout ce qui se trouvait sur leur passage.
Par mille mimolettes, quelle émotion ! Enfin, cette **FAMILLE DINOSAURIENNE** était réunie ! Les trois bestiaux étaient si heureux que nous en étions tout émus !
L'espace d'un instant, j'oubliai combien ils étaient dangereux. Instant qui ne dura pas… Gédéon se retourna et poussa un **RUGISSEMENT** qui me fit tomber dans les pommes !

Que voulez-vous, chers amis lecteurs ? Je ne suis pas un gars, *ou plutôt un rat*, courageux ! Ma peur ne connaît pas la distance : pour elle, présent ou en image, un T. rex reste un T. rex ! Parole de Stilton, *Geronimo Stilton* !

TABLE DES MATIÈRES

DANS LA MÊME COLLECTION

Sur les traces du T. rex

Tricératops à l'attaque !

DU MÊME AUTEUR

1 Le Sourire de Mona Sourisa
2 Le Galion des chats pirates
3 Un sorbet aux mouches pour monsieur le Comte
4 Le Mystérieux Manuscrit de Nostraratus
5 Un grand cappuccino pour Geronimo
6 Le Fantôme du métro
7 Mon nom est Stilton, Geronimo Stilton
8 Le Mystère de l'œil d'émeraude
9 Quatre Souris dans la Jungle-Noire
10 Bienvenue à Castel Radin
11 Bas les pattes, tête de reblochon !
13 Gare au yeti !
14 Le Mystère de la pyramide de fromage
15 Par mille mimolettes, j'ai gagné au Ratoloto !
18 Un week-end d'enfer pour Geronimo

20 Drôles de vacances pour Geronimo!
21 Un camping-car jaune fromage
22 Le Château de Moustimiaou
25 Le Temple du Rubis de feu
26 Le Championnat du monde de blagues
28 Champion de foot!
29 Le Mystérieux Voleur de fromage
30 Comment devenir une super souris en quatre jours et demi
33 Ouille, ouille, ouille… quelle trouille!
34 Le karaté, c'est pas pour les ratés!
35 L'Île au trésor fantôme
38 La Vallée des squelettes géants
39 Opération sauvetage
42 Mot de passe: Tiramisu
44 Le Secret de la momie
45 Qui a volé le diamant géant?
49 Panique au Grand Hôtel
51 Neige en juillet, moustaches gelées!
52 Camping aux chutes du Niagara
53 Agent secret Zéro Zéro K
54 Le Secret du lac disparu
55 Kidnapping chez les Ténébrax!
56 Gare au calamar!
57 Le vélo, c'est pas pour les ramollos!
58 Expédition dans les collines Noires
60 La Nouvelle Star de Sourisia
61 Une pêche extraordinaire!
62 Jeu de piste à Venise
63 Piège au Parc des mystères
64 Scoops en série à Sourisia
65 Le Secret du karaté
66 Le Monstre du lac Lac
67 S.O.S. Souris en orbite!
68 Dépêche-toi, Cancoyote!
69 Geronimo, l'as du volant
70 Bons Baisers du Brésil
72 Sur la piste du Livre d'or
73 Alerte aux pustules bleues!
74 Faucon Rouge et poule mouillée
75 Adieu, maison chérie!
76 Opération panettone
77 Le Gang du chat géant
78 Le Mystère du rubis d'Orient
79 Finale de foot à Sourisia
80 Frousse dans la brousse!
81 Une souris à la mer!
82 Le Voleur de chocolat
83 La Nuit magique de Noël
84 Le Secret des patins d'argent
85 Joyeux anniversaire catastrophe!
86 Le Mystère du Papyrus noir
87 Le Gladiateur fantôme
88 Noël au pic du Putois
89 Le Mystère des sept matriochkas
90 Cambriolage à Madrid
91 Le Secret de Léonard de Vinci
92 Le Concours des super chefs
93 À la poursuite de l'Œil du Dragon

ET BIEN D'AUTRES TITRES ENCORE…

CHERS AMIS RONGEURS,
NOUS NOUS RETROUVERONS BIENTÔT
POUR UNE PROCHAINE
AVENTURE DINOSAURESQUE,
PAROLE DE STILTON, DE...

Geronimo Stilton